まるで童話のような、

# 世界のかわいい村と美しい街

*Storybook Towns and Villages in the World*

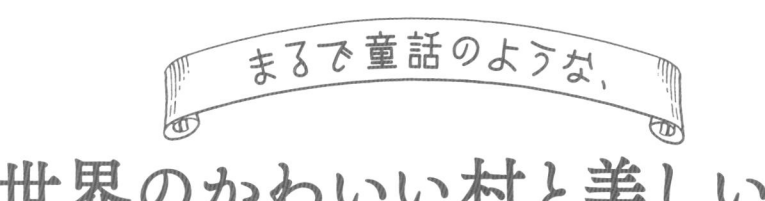

# contents《もくじ》

## コロンジュ・ラ・ルージュ　フランス

# 緑の中に佇む
# 歴史ある赤い村

フランス南西部、リムーザン地域圏にあるコロンジュ・ラ・ルージュは、名に「ルージュ（赤）」とあるように、地元の赤砂岩を用いた建物が特徴的だ。村の歴史は古く、15～16世紀建造の家屋が花や緑に彩られ、12世紀初頭に建造されたロマネスク様式の鐘楼を持つサン・ピエール教会が村のシンボルになっている。夕陽に照らされると建物の赤さが一段と強調されるという。長くコロンジュの村長をつとめたシャルル・セラックは、「フランスの最も美しい村」協会の提案者であり、1982年の発足時から村は協会に加盟し、協会本部が置かれている。

コルマール　フランス

# 運河沿いに続く<br>パステルカラーの家々

フランス北東部、アルザス地域圏の都市。ボージュ山脈の麓に位置する。かつては神聖ローマ帝国の自由都市で、ドイツとフランスの間で何度か帰属が変わってきた。食文化などには、ドイツ文化圏の影響も色濃い。工業都市でもあるコルマールだが、旧市街には、ゴシック様式の教会や貴族の邸宅など、第二次世界大戦の戦禍を免れた中世からルネサンス期にかけての歴史的建造物が多く保存されている。魚市場河岸やプティット・ヴニーズ（小ベニス）地区には、柱や梁などの木骨が表に出たハーフティンバーの色とりどりの建物が運河沿いに連なる。

RESTAURANT
AUX 3
POISSONS
DES
2 CÔTES

ロカマドゥール　フランス

# 厚い信仰を集める絶壁の聖地

フランス中南部、ミディ・ピレネー地域圏、アルズー川の峡谷の絶壁に折り重なるように市街が築かれている。サンティアゴ・デ・コンポステラへの巡礼路の一部であり、中世より、多くの巡礼者が訪れる。ロカマドゥールとは、「アマドゥールの岩窟」の意。キリストの弟子、徴税人ザアカイと同一視される聖アマドゥールの隠遁の地で、12世紀に彼の腐敗していない遺骸が見つかったという伝説がある。現在は聖遺骸は失われてしまったが、216段の石段の上には、病気治癒の奇跡を起こすという黒い聖母像が納められたノートル・ダム礼拝堂がある。

エギスアイム　フランス

# ヴォルテールも愛した極上ワインの生産地

フランス北東部、アルザス地域圏にあるエギスアイムは、城壁を背にして建てられた木骨組みの民家や、歴史ある広場が花に彩られた「花の町」として知られる。「ワイン作りの揺り籠」と呼ばれるこの地では、すでに4世紀にはぶどうが栽培されており、現在もアルザスワイン生産の中心地となっている。8月最後の週末には、ぶどう栽培者祭りが行われている。品質も高く、「グランクリュ（特級）」に格付けされている地区もある。啓蒙思想を代表する思想家ヴォルテールも、自らぶどう畑を購入するほど、エギスアイムのワインを好んだという。

シミアンヌ・ラ・ロトンド　フランス

# ラベンダー香る<br>プロヴァンスの村

フランス南東部、プロヴァンス・アルプ・コート・ダジュール地域圏にある。現在の人口は600人ほど、村がある丘の周りは、たくさんのラベンダー畑があり、夏には紫色の花が一面に広がる。16世紀には、ラベンダーを中心に一帯の商業取引の中心地として栄えていた。「ロトンド」とは円形の建物のことで、その名の通り、丘上の中世の建物が村の象徴となっている。この円形の建造物は、霊廟や礼拝堂、もしくは十字軍が城砦として築いたのではといわれている。現在は改修され、毎年夏に行われる伝統音楽フェスティバルの会場となっている。

サン・シール・ラポピー　フランス

# 断崖絶壁と一体化した中世の村

フランス南西部、ミディ・ピレネー地域圏にあるサン・シール・ラポピーは、蛇行するロット川に張り出す断崖の上に築かれている。14～15世紀の百年戦争の際に要塞化され、後に破壊されて廃墟となった教会が、傾斜のきつい褐色の瓦に覆われた屋根を持つ家々を見下ろすように建っている。かつてはロット川の航行の要衝であり、木工や皮革加工の職人を中心に1500人が暮らしていた。近くに鉄道駅がないなど交通の便が悪く、現在の人口は200人余りとなっている。だが、中世の趣を残す村はフランス人に愛され、多くの観光客が訪れている。

カルカッソンヌ　フランス

# 難攻不落といわれた
# 欧州最大級の城塞都市

フランス南部、ラングドック・ルシヨン地域圏、オード川を見下ろす高台にあり、古くから交通の要衝として重視されてきた。オード川を挟んで、紀元前3世紀にケルト人が築いた砦を起源とする城塞都市「シテ」と、13世紀に築かれた「ヴィル・バス（下町）」のふたつの街区がある。城塞は、17世紀、スペインとの国境が定まったことにより、軍事上の意義が薄れ、荒廃してしまった。しかし、19世紀に入り、小説家であり、文化財保護技監であったメリメが、シテの歴史的価値に注目し、ビオレ・ル・デュクを登用して修復にあたらせた。

ゴルド　フランス

# リュベロン平原を見下ろす
# 麗しき鷲の巣村

フランス南東部、プロヴァンス・アルプ・コートダジュール地域圏、ヴォークリーズ山地からリュベロン平原に張り出す台地の上に位置する。12世紀頃から城壁が築かれ、丘の上には16世紀の建造ルネサンス様式の城塞があり、斜面にらせん状に朱色の屋根の石造家屋が建ち並ぶ。この地方に多い、いわゆる「鷲の巣村」の中でも格段に美しいといわれ、「フランスの最も美しい村」にも認定されている。宗教戦争、第二次世界大戦などで、大きな被害を被ったが、石畳の小道が迷路のように入り組む市街は、今も中世の雰囲気を漂わせている。

column1

# 物語が生まれた場所

## 恋人たちが愛を語ったバルコニー

—— ヴェローナ　イタリア

古来、交通の要衝として栄えたシエナは、シェイクスピアの悲劇『ロミオとジュリエット』の舞台として知られる。ロミオとジュリエットの家が宿敵同士なのは、14世紀、シエナで教皇派のモンテッキ家と皇帝派のカプレーティ家が対立していた史実をもとにしたといわれる。ジュリエットの家として多くの観光客が訪れるアディジェ川の近くにある蔦のからまるレンガ造りの屋敷は、かつてのカプレーティ家の所有だったといわれる。

## ニルスが空から眺めた景色

—— スコーネ地方　スウェーデン

『ニルスの不思議な旅』は、スウェーデンの国民的作家セルマ・ラーゲルレーヴが1906～1907年に発表した。妖精によって体を小さくされたニルスは、ガチョウのモルテンの背に乗り、スコーネ地方から越冬のためにラップランドを目指すガンの群れと一緒に旅に出る。スウェーデンでは、だれもが知る物語で、20クローナ紙幣には、表にラーゲルレーヴ、裏にガチョウに乗ったニルスが描かれている。日本でも、アニメ化されて親しまれている。

世界中で長く読み継がれる物語の舞台となった町や村。ストーリーだけでなく、その舞台自体が魅力的だから愛読されてきたのかもしれません。作家が長い時を過ごした場所もあれば、中には想像だけで描かれた場所もあります。

## アンが暮らしたグリーンゲイブルズ

—— プリンス・エドワード島　カナダ

セントローレンス湾南部に浮かぶ、田園風景が美しいプリンス・エドワード島はL・M・モンゴメリーの『赤毛のアン』の舞台。アンが暮らしたアヴォンリーは架空の村だが、島中央部のキャベンディッシュがモデルとなっている。物語で従姉妹が住んでいた「グリーンゲイブルズ（緑の切り妻屋根の家）」は保存されており、当時の生活を見学することができる。近くには物語に登場する「お化けの森」や「恋人の小径」がある。

## 「アルプスの少女ハイジ」の舞台

—— マイエンフェルト　スイス

ヨハンナ・シュピーリの『ハイジ』はマイエンフェルトの近くにあるイエニンス村に滞在しているときに着想をえたという。アニメ「アルプスの少女ハイジ」制作陣は、スイスに数ヶ月滞在して、スイスの農村の暮らしとアルプスの景色を取材している。アルムのモデルとなったオクセンベルク、冬を過ごした村として描いたロッフェルスなど、アニメで見た美しいアルプスの風景を見るために、多くの観光客がマイエンフェルトを訪れる。

## チッピング・カムデン　イギリス

# 芸術家たちも魅了した
# 蜂蜜色の建物

グロスターシャー州にあるチッピング・カムデンはコッツウォルズを代表する街のひとつ。羊毛取引の中心地として栄え、「チッピング」は古英語で「市の立つ場所」を意味する。ハイストリートにある1627年建造のマーケットホールをはじめ、ハニーブラウン色の石灰岩「コッツウォルズストーン」を使った14 ～ 17世紀の建物が多く残る。中世の手仕事に回帰し、生活と芸術の統一を目指すアーツアンドクラフツ運動の中心人物のひとり、チャールズ・ロバート・アシュビーは共同体とともに、1902年にロンドンからチッピング・カムデンに移住した。

バイブリー　イギリス

# 牧羊と石造りの家は<br>イングランドの原風景

イングランド南西部の丘陵地帯コッツウォルズでは、古代ローマ時代から牧羊が行われ、12世紀にはヨーロッパ中でコッツウォルズ産の羊毛の品質の良さが知られていた。コルン川河畔のバイブリーも、かつては水を活かした羊毛産業が盛んで、街のほぼ中央に位置する石造りのコッテージが並ぶアーリントン・ローも、羊毛の加工場や倉庫として使われていた。この街を訪れたフォード・モーターの創設者ヘンリー・フォードは、アーリントン・ローに心惹かれ、全棟を買い取ってアメリカのミシガン州にある野外博物館への移築を考えたほどだったという。

ライ　イギリス

# かつての港町で<br>アンティーク探し

イングランド南東部、イーストサセックス州にあるライは、かつては海に囲まれ、13世紀には貿易港として栄えていた。15世紀頃から徐々に海岸線が後退し、現在は海岸線から4kmほど離れている。アンティークショップや個性的なティールームがある旧市街は、中世の面影を色濃く残している。ロンドンからの日帰り旅行先として人気が高い。玉石が敷きつめられたマーメイド・ストリートにある旅籠マーメインド・インの創業は12世紀。英国王室も利用したという由緒ある宿だが、18世紀には金や羊毛などの密輸業者の溜まり場になっていたという。

ヴェルナッツァ　イタリア

# 素朴さが残る
# チンクエ・テッレの漁村

イタリア北西部、世界遺産にも登録されている、リグーリア海岸の5つの集落「チンクエ・テッレ」のひとつ。景勝地として知られ、小さな湾を囲む人口1000人ほど漁村には、たくさんの観光客が訪れる。海の透明度も高く、夏の間は、海水浴客に人気が高い。湾の西側にあるマルコーニ広場には、村の象徴である高さ40mの鐘楼があるサンタ・マルゲリータ・ディ・アンティオキア教会があり、周囲には、地方名産のワインが楽しめるカフェや土産物屋が軒を並べる。カラフルな街並みは、湾の周りから、斜面に張り付くように山側へと広がっている。

SUZUKI

ブラーノ島　イタリア

# 我が家の場所を教える色鮮やかな街並み

イタリア北東部、ヴェネツィア本島から約9km北東に位置する4つの小島からなる群島で、島々は橋で繋がっている。漁業に携わる人が多く、家々が鮮やかな色で塗られているのは、漁師たちが、遠く海上からや、冬の深い霧の中でも、自宅の位置がわかるようにするためだといわれている。繊細なニードル・レースが有名で、15〜16世紀にはヨーロッパ各国に輸出されていた。19世紀後半、工業製品におされてレース生産は下火となったが、技術を維持し、伝承するための学校が作られた。学校は現在は博物館となり、ブラーノのレースの歴史を伝える。

サン・ジミニャーノ　イタリア

# 中世の姿をとどめる
# 美しき塔の街

イタリア中西部、トスカーナ州シエナに位置し、ローマ時代からの長い歴史を持つ。フランチジェーナ街道とピサーナ街道の合流地点で、中世、流通拠点や巡礼の中継地として栄えた。13世紀、教皇派と皇帝派に分かれた貴族たちが、富と権力の象徴として競って塔を建設した。最盛期には、ドゥオモ広場を中心に72もの塔が林立していた。一番高いものは50mを超えていたという。14世紀に入り、権力争い、ペストの流行、フランチジェーナ街道が利用できなくなったことなどにより衰退していった。現在、グロッサの塔など14の塔が残る。

チヴィタ・ディ・バーニョレージョ　イタリア

# 天空の町で中世に タイムスリップ

イタリア中部、ラツィオ州にあるチヴィタ・ディ・バーニョレージョに行くには、傾斜のきつい約300mの橋を渡るしかない。2500年以上前にエトルリア人が築いた集落を起源とし、500年ほど前までは、近くの町と地続きだった。しかし、16世紀と17世紀の2回の大地震による地盤沈下のために、陸の孤島になってしまった。町がある凝灰岩の台地は風雨による浸食が進み、今も崩落の危険性があるため、「死にゆく町」との別名がある。住民は数家族程度だが、最近ではレストランなどもあり、時を止めたような小さな町を見るために観光客が訪れる。

サンタ・マッダレーナ　イタリア

# 針のような岩山を背景にする牧歌的風景

サンタ・マッダレーナは、オーストリア国境に近いイタリア北部、アルプス山脈東部の南チロル地方の標高1339mのフネスの谷にある、住民400人足らずの小さな村。牧草地に囲まれた小さなサンタ・マッダレーナ教会と、緑深い山々、そのさらに背後にある険しいオードレ山群の組み合わせは南チロルを代表する光景となっている。オードレ山群は世界遺産のドローミティ山群の一部で、オードレはアルプスの先住民族ラディンの言葉で「針」を意味するという。ハイキングコースのスタート地点、スキーの出発点としても、多くの観光客が訪れる。

アルバラシン　スペイン

# 天然の要塞に守られた薔薇色の街

スペイン北東部、アラゴン州のグアダラビアル川の深い峡谷に囲まれた標高1200mの断崖上に位置する。9世紀にベルベル人が入植し、現在の砦と街の基礎を造った。12世紀末より、アラゴン王国に権力は移り、有力貴族との争いの中で、防衛が強化され、司教座が置かれた。11世紀から建造がはじまった城壁は、14世紀には街全体を囲んでおり、このころ大聖堂の建造も始まっている。旧市街は、狭い路地にひしめくように、薔薇色の粘土を使用した石造りの家屋が並ぶ。2階が張り出した家屋も多く、家によっては、崖からはみ出すように建っている。

ミハス　スペイン

# 陽光眩しい<br>アンダルシアの白い村

スペイン南部、アンダルシア州に位置するミハスは、ミハス山の山腹にあるミハス・プエブロと、一年中海水浴が可能なコスタ・デル・ソル海岸沿いにあるミハス・コスタ、近代的な商工業地区ラス・ラグナスの3つの区域がある。ミハス・プエブロは、イスラム時代に築かれた街が元となり、強い日差しが反射するよう白く壁を塗った家々が細い路地に連なる。美しい「アンダルシアの白い村」として、1950年頃から、その名が知られるようになり、多くの観光客が訪れるようになった。小さな村だが坂道が多く、観光客向けのロバタクシーもある。

La Boveda
del Flamenco

アルブフェイラ　ポルトガル

# イスラムの面影を残す
# ビーチリゾート

ポルトガル最南部、太平洋に面したアルブフェイラは、「ペスカドーレス（漁師）」ビーチをはじめ、海岸線に個性的なビーチが連続する。新鮮なシーフードを出すレストランや、ナイトクラブも充実しており、アルガルヴェ地方で最も賑わうサマーリゾートになっている。アルブフェイラはアラビア語の「潟」または「海の城」に由来し、イスラム教徒が築いた街を起源とする。1755年のリスボン大地震や、19世紀の内戦で大きな被害を受けたが、白壁の家屋や曲がりくねった狭い路地がある旧市街は、今も中世イスラム都市の面影を残している。

## モンサント　ポルトガル

# 巨石文化のなごり？<br>岩を建材にした家

エストレラ山脈の南東部の斜面に村があり、高台には13世紀に城が築かれたが、現在は廃墟になっている。オレンジ色の屋根の石造家屋が並ぶモンサントは、ポルトガルで最もポルトガルらしい村ともいわれるが、他の村では見ることのない風景がある。大きな石が、ところどころで、家の壁や屋根を圧迫している。これは、山からの落石で家がつぶされてしまったのを放置しているわけではなく、天然の御影石の巨石を建材としてそのまま使用しているためだ。モンサントは「聖なる山」の意で、巨石信仰と関連しているのではないかともいわれている。

## マルヴァン　ポルトガル

# 城壁に囲まれた山の上の中世都市

スペイン国境近く、セーラ・デ・サン・マメーデ頂上に位置する。東側以外の三方が急斜面になった天然の要塞で、9世紀、コルドバのエミール、ムハンマド1世に対して反乱を起こしたイブン・マルーアンが城砦を築いたのが名前の由来となっている。1166年にポルトガル初代国王アフォンソ・エンリケスが奪還し、以降、軍事的要所として城壁が強化され、市街は東側に拡大していった。石畳の路地に並ぶ石造りの家屋は、地元の花崗岩を使ったアレンテージョ地方の典型的なもの。11月に開かれる栗祭りでは、大鍋で炒られた焼き栗が名物となっている。

MIRNA
RIJEKA

## ロヴィニ　クロアチア

# 歴史ある街並みが残る アドリア海の港町

クロアチア西部、イストリア半島西岸に位置する。かつては島だったが、1763年に海峡が埋め立てられた。美しい海に囲まれ、「アドリア海の青い真珠」の別名がある。古代ローマの植民都市が置かれ、13～18世紀にはヴェネツィア共和国の都市として栄えた。旧市街を見下ろす丘の上にあるのは、聖エウフェミア教会。ヴェネツィアのサンマルコ大聖堂を模した高さ60mの鐘楼がある。ライオンにかみ殺され殉教した聖エウフェミアが納められた石棺が、コンスタンチノープルからロヴィニに流れ着き、この教会に埋葬されたという伝説がある。

## ドゥブロヴニク　クロアチア

# 海洋貿易の富が生んだ アドリア海の真珠

アドリア海沿岸のダルマチア最南部に位置する港湾都市。周囲をボスニア・ヘルツェゴビナ領のネウムが囲み、クロアチア本土からの飛び地となっている。7世紀初頭に街の基礎が築かれ、長く海洋貿易によって栄えた。最盛期は15～16世紀、300隻超の大型商船があり、活動範囲は、アドリア海だけでなく、地中海・黒海・大西洋岸まで及んだ。17世紀の大地震、20世紀後半の内戦で被害を受けたが、強固な市壁に囲まれた旧市街には往時の繁栄を伝えるクネズ宮殿やスポンツァ宮殿・聖ブラホ聖堂など、12～18世紀の歴史的建造物が数多くある。

郵便はがき

料金受取人払郵便

豊島局承認

1027

差出有効期間
2023年4月30日
まで

1708780
052

東京都豊島区南大塚2-32-4
**パイ インターナショナル** 行

## 追加書籍をご注文の場合は以下にご記入ください

●小社書籍のご注文は、下記の注文欄をご利用下さい。**宅配便の代引**にてお届けします。代引手数料と送料は、ご注文合計金額（税抜）が5,000円以上の場合は無料、同未満の場合は代引手数料300円（税抜）、送料600円（税抜・全国一律）。乱丁・落丁以外のご返品はお受けしかねますのでご了承ください。

注文書

| ご注文書籍名 | 冊数 | お支払額 |
|---|---|---|
| | 冊 | 円 |
| | 冊 | 円 |
| | 冊 | 円 |
| | 冊 | 円 |

●**お届け先は裏面に**ご記載ください。
（発送日、品切れ商品のご連絡をいたしますので、必ずお電話番号をご記入ください。）

●電話やFAX、小社WEBサイトでもご注文を承ります。
**https://www.pie.co.jp　TEL：03-3944-3981　FAX：03-5395-4830**

ご購入いただいた本のタイトル　　　　　　ご記入日：　　年　　月　　日

●普段どのような媒体をご覧になっていますか？（雑誌名等、具体的に）

雑誌（　　　　　　　　　　）WEBサイト（　　　　　　　　　　）

●この本についてのご意見・ご感想をお聞かせください。

●今後、小社より出版をご希望の企画・テーマがございましたら、ぜひお聞かせください。

| | | |
|---|---|---|
| お客様のご感想を新聞等の広告媒体や、小社Facebook・Twitterに匿名で紹介させていただく場合がございます。不可の場合のみ「いいえ」に○を付けて下さい。　いいえ | | |
| 性別　男・女 | 年齢　　歳 | ご職業 |
| フリガナ<br>お名前 | | |
| ご住所（〒　—　）　TEL | | |
| e-mail<br>PIEメルマガをご希望の場合は「はい」に○を付けて下さい。　はい | | |

ご記入ありがとうございました。お送りいただいた愛読者カードはアフターサービス・新刊案内・マーケティング資料・今後の企画の参考とさせていただき、それ以外の目的では使用いたしません。
読者カードをお送りいただいた方の中から抽選で粗品をさしあげます。

4693 童話村

イア　ギリシャ

# 小路うねるエーゲ海の白い街

エーゲ海に浮かぶキクラデス諸島最南部に位置するサントリーニ島の主島ティーラ島北部にある。海面から高さ200～300mの断崖の上にあり、港へはロバタクシーやゴンドラリフトを使ってアクセスしなければならない。青いドームを頂くギリシャ正教の教会が、斜面に築かれた白い街のアクセントとなっている。建物の多くが崖をくりぬいて室内空間を確保しており、外に突き出た部分の屋根はかまぼこ型となっている。密集し、重なりあうように家が築かれているために、ある建物の屋上が、他の建物のテラスとして使われていることもある。

column2

# 映画の撮影地

## 魔法学校もありそう？ 歴史ある学問の街

—— オックスフォード　イギリス

イングランド南部にあるオックスフォードは、街中にカレッジが点在する活気ある大学都市。イギリス最古の図書館とされるボドリアン図書館や、1546年にヘンリー8世が設立したクライストチャーチ・カレッジなどが、映画『ハリー・ポッター』シリーズで、ハリーたちが学んだホグワーツ魔法魔術学校のロケ地になっている。クライストチャーチの食堂グレート・ホールは、寮別の長いテーブルが並ぶ食堂のモデルとなっている。

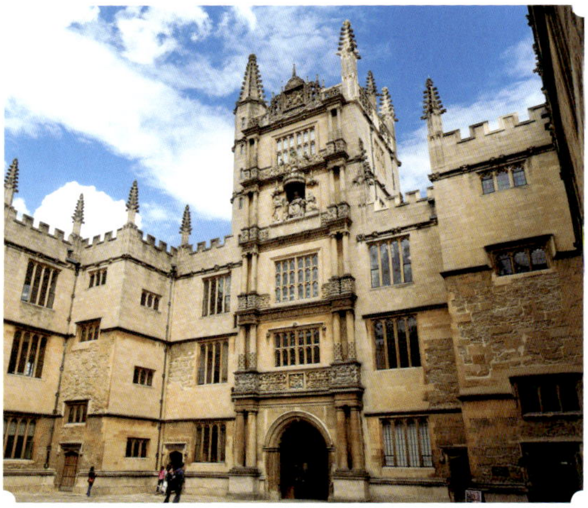

## カトゥーンの世界を再現した村

—— ポパイヴィレッジ　マルタ

地中海に浮かぶマルタ共和国は、美しい海と歴史ある街並みを有し、数々の映画が撮影されている。その先駆けとなったのが1980年のミュージカル映画『ポパイ』だ。港町を舞台にロビン・ウィリアムスが扮したポパイが大活躍する。カラフルなお店や住居などの20の木造建築物を含む大掛かりなセットがアンカーベイに組まれた。撮影終了後に解体予定だったが、マルタ政府が保管し、その後、アミューズメントパークとして公開された。

美しい自然や歴史ある街並みは、数々の映画のロケ地になってきました。映画をきっかけに建造され保存された場所もあります。これらの村や町は実際に訪れて、映画の世界を味わうことができます。

## 『グラン・ブルー』を追体験

——　タオルミーナ　イタリア

1988年公開でカルト的な人気映画となった『グラン・ブルー』は、シチリア島タオルミーナで開かれたフリーダイビング世界大会がクライマックスとなっている。ドォーモ広場の噴水や、ウンベルト通りなどの中心街、高級ホテルの撮影も実際にタオルミーナで行われた。映画の最大の魅力のひとつ、美しい海の「青」はイオニア海のもので、夏の間、タオルミーナ周辺でダイビングはできるが、映画のようにイルカに出会うことはないという。

## 緑豊かな<br>ホビットたちの故郷

——　ホビット村　ニュージーランド

『ロード・オブ・ザ・リング』と前日譚『ホビット』シリーズには、ピーター・ジャクソン監督の出身地ニュージーランドで多くのシーンが撮影された。ホビット村は、北島ワイカト地方マタマタ郊外のアレキサンダー牧場の中に作られた。ゆるやかに波打つ牧草地の丘に穴を掘ってホビットたちの家が造られ、丘の上にはビルボやフロドが住む袋小路屋敷もある。実際はスタジオで撮影したパブの内部も、ファンのために忠実に再現されている。

ザーンセ・スカンス　オランダ

# オランダの工業化を支えた風車群

アムステルダムから15kmほどに位置するノルトホラント州のザーンセ・スカンス。ザーン川沿いに17～18世紀建造の風車や伝統的な家屋が並ぶ。現在、牧歌的な風景が広がっているように見える一帯は、約250年前、北海からの強風を動力とする風車が600基以上も稼働する世界初の工業地帯だった。当時は、白蝋《しろめ》、チーズ、マスタード、油や紙など、様々なものが生産されていた。また、風車は低地で水はけの悪い土地が多いオランダで、干拓地を作るポンプとしても利用され、オランダの発展には欠かせないものだった。

ヒートホールン　オランダ

# 一度は住みたい
# 憧れの水郷

オランダ東部、オーフェルアイセル州の北西ヨーロッパ最大の湿地帯ウェーリッベン・ウィデン国立公園内にある、全長7km、人口2500人ほどの村。すべての家屋が運河沿いに建てられ、車の乗り入れは禁止、主要な交通手段は舟という「オランダのヴェネツィア」だ。19世紀までは、燃料として使われる泥炭（ピート）を採掘し、丸木船で運搬していたため、水路が発達している。泥炭の採掘跡は、現在、村の東と南に広がるいくつもの湖になっている。10年に一度は葺き替えるという手入れのいい藁葺き屋根の民家の中には、牛舎や納屋だったものもある。

バンベルク　ドイツ

# 水辺にある
# フランケン地方のローマ

ドイツ南東部、バイエルン州のレグニッツ川沿いに位置する。後に神聖ローマ皇帝となるハインリヒ2世が、1007年に司教座を置き、以降、司教と皇帝の都市として繁栄した。第二次世界大戦の戦火を逃れた歴史的建造物が数多くある旧市街は、「ベルク（丘陵）」と「インゼル（島）」、「ゲルトナー（庭師）」の3つの地区からなる。旧市庁舎は、司教関係地区であるベルクと、市民の地区インゼルを結ぶ橋の途中にある人工島にある。司教はベルクに市庁舎を建てるのを拒否したといわれるが、市庁舎の華麗な装飾は18世紀の市民の勢力を誇示している。

Geschenkehaus
am Markt
Cafe

## ローテンブルク　ドイツ

# ワインを飲みほし元市長が救った中世都市

ドイツ南部バイエルン州、中世の趣が残るローテンブルクはロマンティック街道のハイライト。17世紀、三十年戦争でプロテスタント側についたローテンブルクは、ティリー将軍率いるカトリック軍に占領された。将軍は街を焼き払い、指導者たちを反逆罪で処刑しようとしたが、名物のワインの3.25ℓの大杯を献上され、これを一気に飲みほす者がいれば、罪を忘れようと言い出した。元市長のヌッシュが名乗り出て、見事に飲みほして街を救った。この故事にちなんで、毎年、聖霊降臨祭の日に「マイスタートゥルンク」という祭りが行われる。

フロイデンベルク　ドイツ

# 雪の中で際立つ<br>モノトーンの美

ドイツ西部にあるフロイデンベルクには、モノトーンに統一されたスレート屋根のハーフティンバーの家々が整然と並ぶ、アルテ・フレッケンという一角がある。よく見ると表に出た木組みは少しずつ違っているが、他の街のカラフルなハーフティンバーの街並みとは、印象がまったく異なる。1540年の火事で城と集落が焼失、城が再建されることはなかったが、集落は以前のまま再建された。しかし、1666年の大火により、街は再び焼失、そこから、また1540年当時の姿に再建された。以降、現在まで、住民によって保存修復が繰り返されている。

## ザルツブルク　オーストリア

# バロック建築が競演する音楽の都

オーストリア中部、ザルツァハ川沿いにあるザルツブルク州の州都。紀元前からケルト人が定住し、次いでローマ植民市となり、8世紀に司教座、後に大司教座が置かれ、ローマ法王庁との結び付きの強い宗教都市として発展した。メンヒスベルクの丘には、大司教の戦略的拠点のホーエンザルツブルク城塞があり、その麓の旧市街には、大司教宮殿、大聖堂など、歴代大司教が競うように建てた数々の建築物がある。18世紀、宮廷作曲家としてモーツァルトが活躍し、彼の誕生日1月27日にあわせて、1月にモーツァルト週間が開催されている。

ハルシュタット　オーストリア

# 塩の富で栄えた
# 最も美しい湖岸の街

オーストリア中北部ザルツカンマーグート地方、ダッハシュタイン山塊山麓の街。紀元前3000年頃から塩を採掘しており、世界最古の岩塩鉱や、中央ヨーロッパ最古の鉄器文化であるハルシュタット文化の遺跡が発見されている。街を見下ろす高台に1181年創建のカトリック教会、湖岸には1863年建造のプロテスタント教会がある。岩塩鉱で働く人々にはプロテスタントが多く、今もオーストリアの他の地域に比べて、プロテスタントの割合が高いという。湖畔の花が飾られたバルコニーが美しいホテルでは、ハルシュタット湖でとれた魚料理が楽しめる。

ロヴァニエミ　フィンランド

# 夜空に踊るオーロラ サンタクロースが住む村

フィンランド最北部、ラップランドの中心地。北極圏に近く、寒さ厳しい土地だが、紀元前から狩猟・遊牧を行うサーミ人が定住していた。15世紀の金鉱山の発見により大いに発展したが、第二次世界大戦で市街の大部分が破壊され、戦後、再建された。復興計画の建築物の多くに、北欧を代表する建築家でありデザイナー、アルヴァ・アアルトが関わっている。町の中心から8kmほどのところにサンタクロース村があり、コルヴァトゥントゥリの山から引っ越してきたというサンタクロースが、世界各地の子供たちからの手紙に返事を書いている。

レーヌ　ノルウェー

# 雪に映える北極圏の赤い漁師小屋

ノルウェー北部、ロフォーテン諸島西部モスケネス島に位置する。ロフォーテン諸島はタラ漁の中心地で、冬から春にかけて何千隻もの漁船が集まる。レーヌは、人口300人余りの小さな漁村だが、春は山を覆う高山植物、夏の真夜中の太陽、冬のオーロラなど、1年を通してノルウェーを代表する景勝地として国内外に知られるようになり、毎年、人口の数十倍もの観光客が訪れる。周辺ではカヤックやトレッキングなどが楽しめる。タラを追う漁師が、漁の合間に滞在した素朴な木造の漁師小屋「ロルブー」を改装した海岸沿いの宿泊施設が人気だ。

JEBSENS
BRYGGEN SHIPPING INT
THE TALL SHIPS RACES 2014 BERGEN
filini BAR RESTAURANT
filini BAR RESTAURANT
Guldskoen
MADAM FELLE
NIGHTCLUB
PORT OF BERGEN
Baker Brun

ベルゲン　ノルウェー

# 三角屋根がかわいい ハンザ商人の倉庫群

ノルウェー南西部、フィヨルドの湾奥にある港湾都市。11世紀、ノルウェー王オーラフ・キーレが創建し、バイキング時代から、交易中心地として発展した。地理的条件から、ノルウェー内陸部より、海運を通しドイツやイギリスとの結びつきが強かった。1350年にハンザ同盟に加盟しており、港の北側にドイツ商人の居留地が作られ、傾斜のきつい切妻屋根を持つ木造の倉庫や商館が建てられた。ブリッゲン（埠頭）と呼ばれるこの地区は、何度も火災にあっているが、建設当時の図面を参考に伝統的な工法を用いて倉庫群が復元されている。

column3

# 作家たちが愛した場所

## シェイクスピアの生まれ故郷

―― ストラトフォード・アポン・エイヴォン　イギリス

イギリスを代表する詩人、劇作家のシェイクスピアは、イングランド中部、ウォーリックシャー州のストラトフォード・アポン・エイヴォンの裕福な商人の家に生まれた。ロンドンで大きな成功を収めた後、街で一番美しいといわれた屋敷を購入した。両親はすでに亡くなっていたが、シェイクスピアは故郷に戻り、没するまで暮らした。残念ながら、このニュープレイスの家屋は現存せず、礎石と美しい庭園だけが残っている。

## 作家アンデルセンの故郷

―― オーデンセ　デンマーク

オーデンセは、デンマーク中南部、フュン島にある中世の面影が残る港湾都市。アンデルセンは、靴職人の息子としてオーデンセで生まれ育った。家は貧しかったが、早くから文学に親しみ、人形劇をまねるなど、空想力豊かな子供だったという。巡業に来た王立劇場の劇を見て舞台にあこがれ、14歳、単身でコペンハーゲンへ出た。アンデルセンの生家、幼年時代を過ごした家は現在は博物館として公開されている。

作家の生まれ故郷、または晩年を過ごした場所は、地元の人の大きな誇りになっています。いい思い出ばかりではない場合もありますが、長い時間を過ごした場所は創作活動に大きな影響を与えたことでしょう。

## ピーター・ラビットの生みの親が愛した村

### —— ニア・ソーリー　イギリス

イングランド北西部湖水地方、エスウェイト湖畔にあるニア・ソーリーは、青色の上着を着たウサギ、ピーター・ラビットをはじめ、小動物が主人公の児童書で知られるビアトリクス・ポターが愛した場所。ロンドン生まれのポターは、若いころから何度も湖水地方に避暑に訪れていたが、1905年、印税で、ニア・ソーリーのヒルトップ農場を購入した。後に、ニア・ソーリーに移住した彼女は創作活動のかたわら、伝統的な農業にいそしんだ。

## リンドグレーンの世界を体現

### —— ヴィンメルビー　スウェーデン

自由奔放な少女が活躍する『長くつ下のピッピ』で知られるアストリッド・リンドグレーンは、スモーランド地方のヴィンメルビー生まれ。『長くつ下のピッピ』の「ごたごた荘」のモデルとなった家が今も残る。「やかまし村」で子供たちが学校に通った大村、「名探偵カッレくん」が活躍した町も、ヴィンメルビーを思わせる。ヴィンメルビーにはリンドグレーンの世界を再現したテーマパークもあり、多くの子供たちが訪れる。

グリンデルヴァルト　スイス

# アルプスの名峰と氷河への観光拠点

スイス中南部，ベルン州ベルナーオーバーラント、アイガー北壁とヴェッターホルンの山麓、標高1037mに位置する。かつては村の中心まで氷河が迫っており、17世紀末には氷河観光が始まり、19世紀後半から観光地としての整備が一段と進んだ。現在は氷河はかなり後退してしまったが、のどかな山里と迫力ある山岳風景が観光客を魅了する。ユングフラウヨッホやクライネ・シャイデックなどアルプスを代表する名峰への観光拠点でもある。春は、タンポポやキンポウゲが咲き誇る牧草地と、雪の残る険しい山肌のコントラストが美しい。

サン・サフォラン　スイス

# レマン湖畔の繊細で上質なワインの産地

ヴォー州、レマン湖北岸の斜面にぶどう畑が続く丘陵地帯「ラヴォー地区」の村のひとつ。集落はテラス状になったぶどう畑と湖の間にあり、1530年建造の教会や16～18世紀建造のワイン農家がある。ラヴォー地区でのぶどう栽培の歴史はローマ時代までさかのぼる。現在の石垣で急斜面の畑を支える栽培方法の原型は、11世紀、一帯を修道院が支配していた頃にできたといわれる。陽光、レマン湖の反射光、石垣が蓄える輻射熱が、ワイン生産に適した良質のぶどう栽培を可能にしており、サン・サフォランを含め、8つの銘柄がAOCに認定されている。

## シュタインアムライン　スイス

# ギャラリーのような広場があるラインの宝石

スイス最北部、シャフハウゼン州にある街。ボーデン湖を経てドイツに流れるライン川の河畔に旧市街がある。旧市街を囲む市壁は現在は民家として使用されている。かつては小さな漁村だったが、11世紀、神聖ローマ皇帝ハインリヒ2世が、聖ゲオルグ修道院をジンゲンから移したことを契機に、ライン川交易路と主要な陸上交易路が交わる重要拠点として発展した。市庁舎がある街の中心広場には、外壁に様々な主題のフレスコ画が描かれた16～18世紀造りの出窓がある建物が並ぶ。ホテル・アドラーの壁画はアロイス・カリジェが手掛けている。

## アッペンツェル　スイス

# 丘陵にある伝統息づく農村地帯

スイス東端、アッペンツェル・インナーローデン準州の中心地。ゆるやかに波打つ牧草地に点在する民家は、センティス山の巨人が、ボーデン湖畔の集落を気に入り、皮袋に詰め込んで持ち帰ろうとした際に、穴があいていた袋から、ぽつぽつとこぼれ落ちたものという伝説がある。住民の多くが牧畜や酪農などに携わり、伝統的製法のビールやチーズが名産となっている。壁画で彩られた建物に囲まれた広場では、毎年4月の最終日曜日、有権者が集まって挙手で評決をとる、スイスで中世から行われてきた直接投票ランツゲマインデが開催されている。

ガサダルー　フェロー諸島（デンマーク自治領）

# 古い北欧文化が残る<br>フェロー諸島の小村

北大西洋、ノルウェーとアイスランドの間に浮かぶフェロー諸島のボーアル島西部にある。フェローに住む人々の祖先は、9世紀にノルウェーを離れて島に移住したノース人の農民だという。現在は、牧羊と漁業が主な産業だ。ガサダルーの絶景ポイントは、急峻な岸壁から海へと流れ落ちる滝。山と断崖に囲まれた村には、数軒の家と教会がある。フェロー諸島特有の芝屋根は断熱材の役割も果たす。20世紀に集落と船が係留できる海岸を繋ぐ階段が作られ、21世紀には山を抜けるトンネルが開通したものの、年々定住者は減っているという。

ヌーク　グリーンランド（デンマーク自治領）

# 岬の町のカラフルなテラスハウス

グリーンランドの首都であり、最大の都市。ヌークとは「岬」という意味で、大きなフィヨルドがある半島の先端に位置する。真夏でも、10℃程度にしかならない。島には紀元前から北米から渡ってきたイヌイットが定住していた。10世紀末にはノース人が入植したが、入植が途絶えたあと集落は消滅した。ヌークは、1721年、宣教師のハンス・エーゲデが建設した町。それまでは石や泥炭、流木などを利用して家を建てていたが、この時代から、ヨーロッパ本土から木材が輸入され、その時代の建物が、現在のテラスのある民家の原型となっている。

チチマニ　スロバキア

# 民族衣装にも使われる模様が描かれた壁

スロバキア北部の村、チチマニには、鳥や動物、抽象柄など、伝統的な刺繍柄をもとにする白い模様が壁に描かれた木造家屋が建つ一角がある。牧羊が主に行われていた村で、18世紀には、模様が描かれた建物があったとの記録がある。19世紀末にプラハで開かれた民俗博覧会でこの村が紹介されたことにより、他の地域にも知られるようになった。1921年の大火のあと、村の多くの建物はレンガ造りとなったが、村の北部の一部で伝統的な家屋が再建され、現在も保存維持されている。ふたつの建物は博物館になっており、内部の見学ができる。

セルギエフ・ポサード　ロシア

# ロシアで最も尊敬される聖人の街

ロシア連邦西部、「黄金の環」と称されるモスクワの北東に位置する古都群のうちのひとつ。14世紀、「モスクワ朝ロシア建国の父」ともいわれるラドネジの聖セルギイが修道共同体を開いた。森に囲まれ、貧しく厳しい生活だったが、彼を慕い、多くの修道僧が集まった。聖セルギイ没後、修道共同体は、至聖三者聖セルギイ大修道院となり、ロシア正教の重要な巡礼地として大勢の信者が集まり、セルギエフ・ポサードの街の基礎が築かれていった。木彫りなどの手工業も盛んで、ロシアで初めて作られたマトリョーシカを展示する玩具博物館がある。

ポズナン　ポーランド

# 歴史ある街の
# キュートな商人の館

ポーランド西部、バルタ川に臨むポーランド最古の都市のひとつ。10世紀に、ポーランド初の司教座が置かれた。14 ～ 16世紀、商工業都市として、また文化の中心地として大いに栄えた。バルタ川西岸のトムスキー島地区には、往時の繁栄が偲ばれる歴史的建造物がある。旧市街の広場にあるルネサンス様式の旧市庁舎の隣には、1階がアーケードとなった間口の狭い16世紀の商人の館が隣接して並ぶ。かつては魚や蝋燭、塩などを扱っていたが、現在は、ほとんどが土産物屋となっている。第二次大戦後の修復の際にカラフルな色で塗り分けられた。

BONUX

## ザリピエ　ポーランド

# 春の訪れとともに村を彩る繊細な花模様

ポーランド南東部にあるザリピエ村は、近くに鉄道駅はなく、最寄りの町からのバスも1～2時間に1本という不便な場所にある。100年ほど前から、暖炉の煙突の煤で外壁が汚れてしまったのを女性たちが春先に塗りなおしていた。初めは汚れを漆喰で隠すだけだったが、いつしか、花模様が描かれるようになった。1930年代、陶器作家だったフェリツィア・ツリウォの花模様は特に有名で、彼女の家は今は博物館となっている。近代的な暖房設備になってからも、コンテストを行うなどペイントは続けられ、今は花模様の村として知られるようになった。

MÍVESHÁZ

ホッロークー　ハンガリー

# 伝統木造建築が残る山間の小さな村

ハンガリー北部、チェルハート山地の谷間にある村。14世紀頃、モンゴル人の襲来から逃れて、カスピ海沿岸から移住してきたトルコ系クマン人末裔のパローツ人が住み、長く自給自足に近い生活を続けてきた。木製の入り母屋造りで、白い漆喰壁の家屋はパローツ様式と呼ばれ、独自の方言や民族衣装が残る。火事により何度も焼失し、木造建築の禁止令が出たこともあったが、伝統的な家屋を再建し、中世の集落構造を維持してきた。14世紀創建の木造教会も20世紀初頭に焼失し、再建された。現在、67軒の伝統的建築様式の木造建築物が残っている。

ブレッド　スロヴェニア

# 「アルプスの瞳」と呼ばれるレイクリゾート

19世紀に鉱泉がみつかって観光客が訪れるようになったブレッドは、20世紀初頭には、風光明媚な温泉保養地としてオーストリア貴族の間で知られるようになった。緑に囲まれた湖に浮かぶブレッド島はスロヴェニア唯一の自然の島。バロック様式の聖母被昇天教会が建つ場所には、かつてはスラヴ神話の生命や豊饒を司る女神ジヴァの寺院があったといわれ、島では9～10世紀頃のスラヴ系民族の集落跡が発掘されている。教会には鳴らすと願いが叶うという鐘があるが、願いを聞いているのは聖母マリアではなく、女神ジヴァなのかもしれない。

## イニシィア　アイルランド

# 先人の知恵を伝える畑を守る石垣

アイルランド西部、ゴールウェイ湾に浮かぶアラン諸島の3つの島のうち、最も東に位置する最小の島。「イニシィア」は東の島を意味する。アラン諸島には、紀元前から人が定住しており、先史時代の遺跡がある。また多くのアイルランドの聖人が修行した修道院があったことから巡礼地となっていた。石灰質の岩盤でできた島々は、決して住みやすいものではなく、畑を作るには、まず岩盤を砕いて海藻と粘土を敷きつめ、土壌を作らなければならなかった。今も、島のあちこちで、この貴重な土が風でとばされないように畑を囲んだ石垣が見られる。

column4

# 幻想的なお祭り

## 祭りが伝える王妃の慈悲の心

―― トマール　ポルトガル

ポルトガル中部、ナバオン川沿いに位置するトマールでは、4年に1度、6～7月上旬に「タブレイロスの祭り」が開催される。「タブレイロス」は巨大なお盆のことで、ディニス王に嫁いだイザベラ王妃がパンなどをお盆に載せて貧しい人々に施したことに由来する。女性たちはお揃いの白い衣装を着て、自分の身長と同じくらいにパンを載せた重さ15kgにもなるお盆を頭に載せて、街をパレードする。街の通りも競うように美しく飾り付けられる。

## 厳寒の中で盛り上がる氷祭り

―― ハルビン　中国

黒竜江省の政治経済の中心地、ハルビンでは、マイナス40℃になることもある厳しい冬の寒さを利用して、毎年1～2月末頃、氷祭りが開かれる。太陽島公園、兆麟公園、松花河の河川敷など、市内各地で、いくつもの氷彫刻や氷の建造物が展示され、夜は華やかにライトアップされる。最も規模が大きいのは、松花河の河川敷の「氷雪大世界」。松花河の天然の氷を使用した高さ何十メートルにもなる建造物を展示している。

信仰や伝統にもとづいて、ときには厳しい自然環境を逆手にとって、各地で個性的な祭りが開催されています。
観光客だけでなく住民も心待ちにする祭りのシーズン、見慣れた街も特別な輝きを放ちます。

## マロスティカのチェス祭り

### ―― マロスティカ　イタリア

ヴェネト州マロスティカでは、2年に1度、9月の第2週に、街の中心であるカステッロ広場で、チェス駒に扮した人間駒を使った人間チェスが行われる。これは、15世紀、総督の美しい娘を争う2人の騎士に、命を落とす決闘ではなくチェスで勝負を決めるよう総督が命じた故事にもとづき行われる。単にチェスの対局が行われるのではなく、中世風の衣装を身につけた総督やその娘、騎士たちや見物客の貴族などが出演する再現劇が演じられる。

## バイキングの活躍を称える火祭り

### ―― シェトランド諸島　イギリス

グレートブリテン島の北170kmに位置するシェトランド諸島は、文化的にスカンジナビア半島の影響を強く受けており、住民の多くがノース人（バイキング）を祖先に持つという。毎年1月の最後の火曜日に行われる「ウップヘリーアー」は、19世紀初頭、ナポレオン戦争から帰還した兵士たちがはじめたといわれる。バイキングの衣装を身につけた1000人近い男たちが、ロングシップという船に手にした松明を投げ込み火をつけて燃やす。

### ウチヒサール　トルコ

# 夕日に映える巨岩要塞がそびえる村

トルコ中央部、何万年にもわたる浸食や風化により形成された凝灰岩の奇岩群で知られるカッパドキア地方の村。ウチヒサールはトルコ語で「尖った砦」を意味する。この地方で、一番高い場所に位置し、天然の巨岩を利用した城砦からは、ギョレメの谷や、遠くエルジェス山までの眺望が得られる。城砦には、かつては軍事上の役割があったが、現在は北側にあいた多数の穴が鳩の巣になっており、その糞を集めてぶどう畑の肥料として使っている。市街は斜面に沿って形成されており、丘の麓には三角帽子状の奇岩をくりぬいた住居がある。

ムザブの谷 アルジェリア

# 現代の都市計画に影響を与えた平等の精神

アルジェリア南東部のサハラ砂漠北部、ムザブ地方の涸れ谷に、10～11世紀、イバード派イスラム教徒のベルベル人が築いた、オアシス都市ガルダイア。「聖都」ベニスインゲンなどの5つの集落が「ムザブの谷」として世界遺産に登録されている。コーランの規律を厳格に守るイバード派は、禁欲的な生活を営んできた。モスクを中心に同心円状に配置されたほぼ同一の構造を持つ家屋群には平等の精神が表れている。この街の構造は20世紀の建築家の都市計画にも影響を与えた。丘の上に建つモスクのミナレットは見張り塔の役目も果たしている。

サヌア　イエメン

# 砂糖菓子のような<br>イエメン伝統建築

アラビア半島南部、山岳地帯の間の平坦部にあるイエメンの首都。ノアの息子のセムが、旧約聖書の創世記にある大洪水のあとに開いた町との伝説があり、紀元前10世紀にはシバ王国の重要都市として繁栄していた。アラビア半島では最も気候に恵まれた地域であり、ビザンチン、オスマン帝国支配下でも、乳香やコーヒーなどの交易で栄えた。城壁に囲まれた旧市街には、窓や外壁に白い漆喰細工が施された数千の高層建築があり、その多くが200年以上の歴史を持つ。かつて城壁には8つの城門があったが、唯一、南側のイエメン門のみが現存している。

シャウエン　モロッコ

# 青く染められた路地<br>入り組む旧市街

モロッコ北部、リフ山脈南麓にある。1471年、ベルベル人により要塞が築かれた。1492年のレコンキスタ完了後、イベリア半島から追われたイスラム教徒やユダヤ教徒が移住し、街が拡大していった。メディナ（旧市街）は、アンダルシア地方の街並みにも似ているが、大きな違いは、その色だ。家屋の壁だけでなく、扉、路地、階段などが、様々な濃さの青で塗られている。街を青く塗りはじめたのは、20世紀に入ってからといわれ、その理由は、ユダヤ教で空すなわち天国を表す聖なる色、視覚的に涼しさを求めた、蚊を避けるためなどの諸説がある。

## アブヤーネ　イラン

# 斜面に建つ赤土の家々と花模様の民族衣装

イラン中部イスファハーン州、キャルキャル山の北西麓にあり、イランの国家遺産に指定されている。斜面に折り重なるように、ピンク色がかった日干しレンガの建物が密集する。7世紀後半からイラン系民族のイスラム化が進んだが、改宗をこばんだゾロアスター教徒が移り住んだといわれる。ゾロアスター教は3～7世紀のササン朝ペルシア時代には国教だった。今でも方言や民族衣装にその時代の名残があるという。観光が主要産業で、若者の多くは都市に出稼ぎに出ており、平日昼間は花柄のスカーフを身につけた年老いた女性の姿が目立つ。

客
棧
古城大石橋客棧
ANCIENT
纳西民居小橋流水河畔客房 内設 标准間 普通間
二十四小時供热水

麗江　中国

# 高原水郷の情緒あふれる伝統木造建築

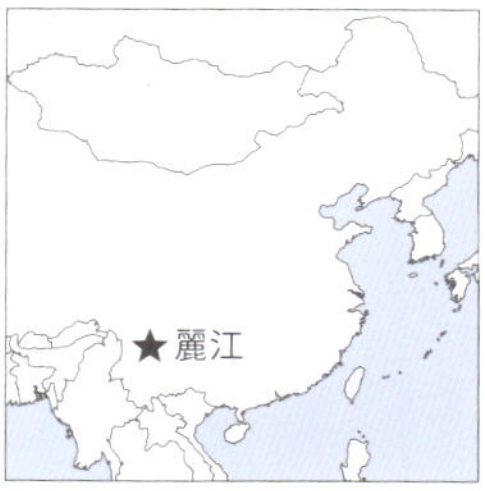

雲南省北西部、西北に玉龍雪山が聳える標高2400mの山間盆地に位置する。8世紀、青海省付近から南下してきた納西《なし》族により築かれた。雲南産などの中国の茶とチベット産の馬を交換する茶葉古道の交易の要衝で、漢民族やチベット民族の文化を取り入れた、独自の象形文字を持つ東巴《とんば》文化が発展した。12世紀、宋代に建造したものが基礎となる旧市街は、五花石が敷きつめられた大小の通りがあり、明、清代に建造された瓦屋根の木造建築の家屋や商店が並ぶ。また、黒竜潭の水を引いた水路も縦横に走り、354本の橋が架かる「水の都」でもある。

## 雷山県西江鎮　中国

# 苗族の伝統息づく山腹の木造建築集落

中国西南部、貴州省黔南プイ族苗《ミャオ》族自治州にある西江鎮は、1200世帯以上が住む世界最大の苗族の村。この地方に住む苗族は、黒く長い民族衣装を着ていたことから、黒苗、長裙苗とも呼ばれる。村は山の中腹に位置し、「吊脚楼」と呼ばれる木造家屋が連なる。吊脚楼の多くは3階建てで、1階に農機具置き場や家畜小屋、テラスがあり、2階には応接間と台所、寝室、3階に客間や子供部屋が置かれることが多い。伝統的な衣装は普段の生活では取り入れることは少なくなったが、催事の際には華やかな刺繍の施された民族衣装を見ることができる。

グアナフアト　メキシコ

# 活気と色彩あふれる高原の文化都市

メキシコ中部、標高2050mのメキシコ中央高原に、1554年にスペイン人が築いた都市。銀山開発とともに発展し、18世紀には世界の1/3の銀を産出していたという。いくつもの教会や聖堂や広場があり、バロック様式の豪華な邸宅が建ち並ぶカラフルな市街は、近くの銀鉱群とともに世界遺産に登録されている。地上の道幅は狭く小路が入り組んでいるため、石造アーチ構造のかつての坑道や地下水路を利用した自動車道路が整備されている。毎年10月の国際セルバンテス祭では、劇場だけでなく、広場や教会の階段を使って様々なイベントが行われる。

HOTEL SAN DIEGO

トリニダ　キューバ

# 「砂糖の谷」が生んだ カラフルな街

キューバ中央部サンクティ・スピリトゥス州にあるトリニダは、キューバ征服を指揮し、初代キューバ総督になったディエゴ・ベラスケス・デ・クエリャルにより1514年に建設された。18世紀から19世紀半ば、砂糖とそのプランテーションで働く奴隷の貿易で繁栄した。奴隷制度の廃止、砂糖相場の暴落などにより、街は徐々に衰退していったが、今も旧市街には往時の繁栄を伝えるコロニアル様式の歴史的建築物が残る。サトウキビ畑が広がり、いくつもの砂糖工場があった郊外のロス・インヘニオス渓谷とともに世界遺産に登録されている。

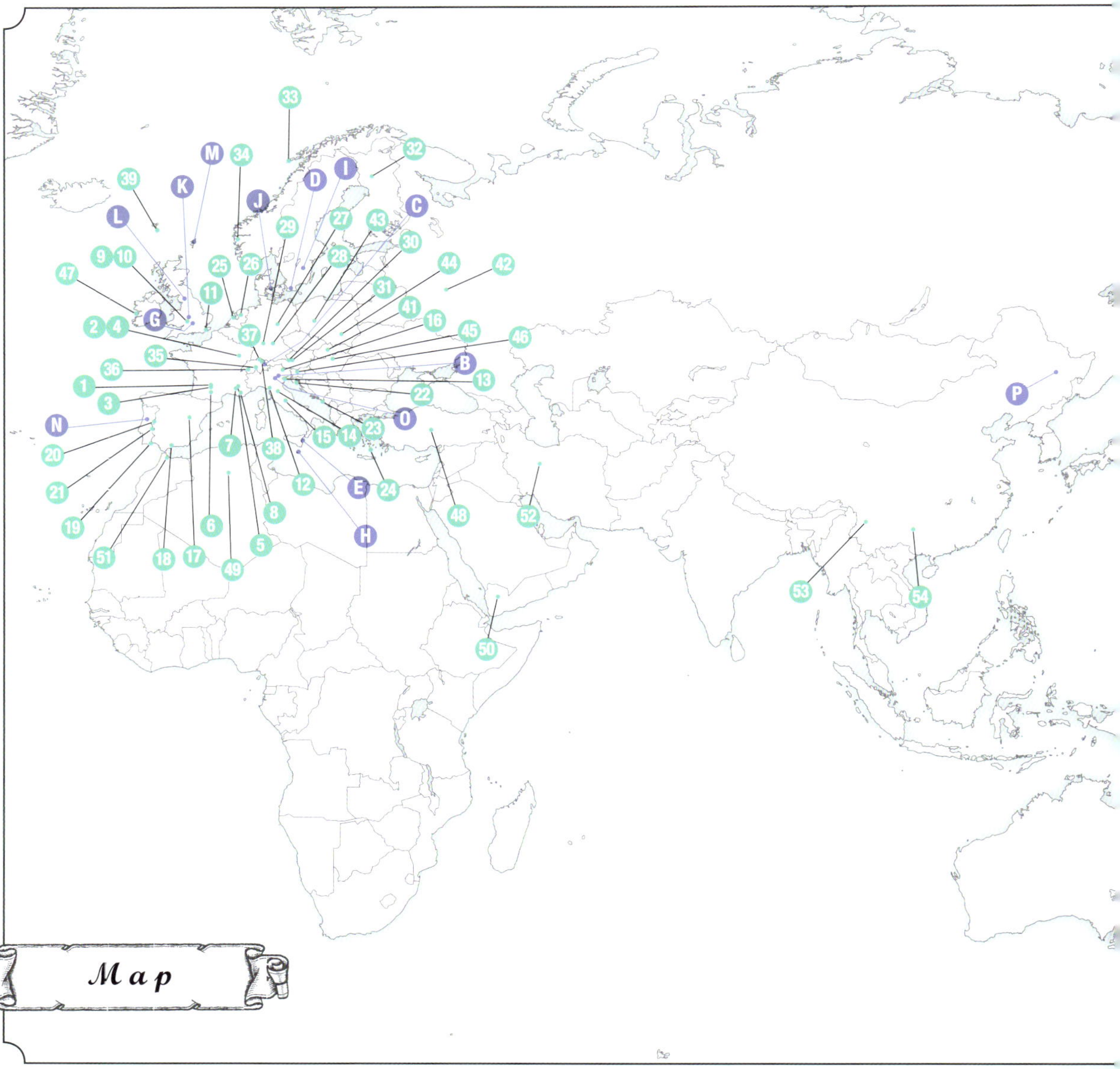

# Map

㊵
Ⓐ
(56)
(55)
Ⓕ



㊴ **ガサダルー** フェロー諸島（デンマーク自治領）……… 086
㊵ **ヌーク** グリーンランド（デンマーク自治領）……… 088
㊶ **チチマニ** スロバキア ……… 090
㊷ **セルギエフ・ポサード** ロシア ……… 092
㊸ **ポズナン** ポーランド ……… 094
㊹ **ザリピエ** ポーランド ……… 096
㊺ **ホッロークー** ハンガリー ……… 098
㊻ **ブレッド** スロヴェニア ……… 100
㊼ **イニシィア** アイルランド ……… 102
㊽ **ウチヒサール** トルコ ……… 106
㊾ **ムザブの谷** アルジェリア ……… 108
㊿ **サヌア** イエメン ……… 110
(51) **シャウエン** モロッコ ……… 112
(52) **アブヤーネ** イラン ……… 114
(53) **麗江** 中国 ……… 116
(54) **雷山県西江鎮** 中国 ……… 118
(55) **グアナフアト** メキシコ ……… 120
(56) **トリニダ** キューバ ……… 122

*column1* **物語がうまれた場所** ……… 020, 021
Ⓐ **プリンスエドワード島** カナダ
Ⓑ **ヴェローナ** イタリア
Ⓒ **マイエンフェルト** スイス
Ⓓ **スコーネ地方** スウェーデン

*column2* **映画の撮影地** ……… 054, 055
Ⓔ **タオルミーナ** イタリア
Ⓕ **ホビット村** ニュージーランド
Ⓖ **オックスフォード** イギリス
Ⓗ **アンカーベイ** マルタ

*column3* **作家たちが愛した場所** ……… 076, 077
Ⓘ **ヴィンメルビー** スウェーデン
Ⓙ **オーデンセ** デンマーク
Ⓚ **ストラトフォード・アポン・エイヴォン** イギリス
Ⓛ **ニア・ソーリー** イギリス

*column4* **幻想的なお祭り** ……… 104, 105
Ⓜ **シェトランド諸島** スコットランド
Ⓝ **トマール** ポルトガル
Ⓞ **マロスティカ** イタリア
Ⓟ **ハルビン** 中国

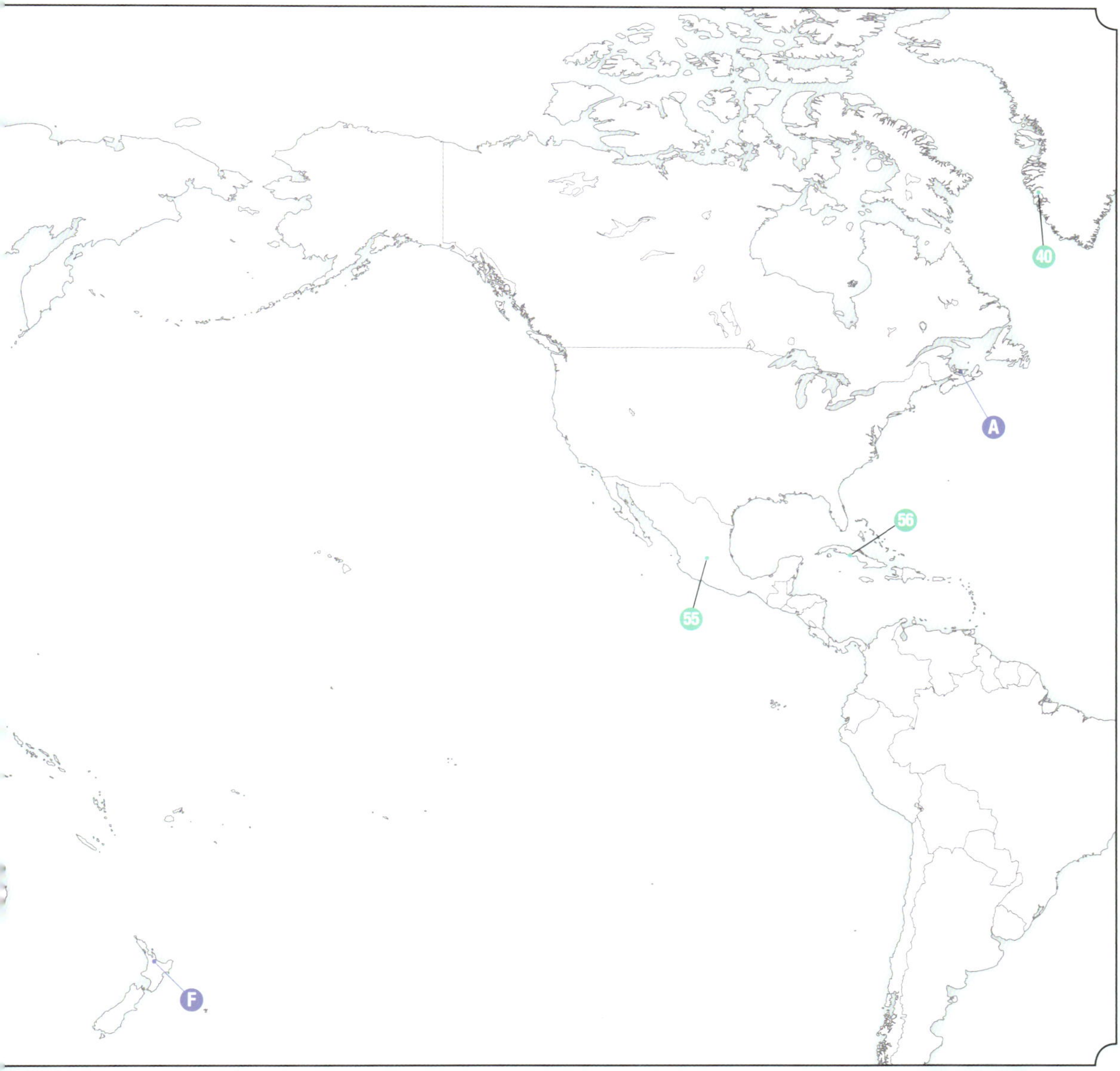

# Copyright

P.004 SIME/アフロ
P.006 Glasshouse Images/アフロ
P.007 Alamy/アフロ
P.008 YOSHIHIRO TAKADA/a.collectionRF/amanaimages
P.009 Jason Langley/Corbis/amanaimages
P.010 Grard Labriet/Photononstop/Corbis/amanaimages
P.011 HEMIS/アフロ
P.012 Cisca Castelijns/ NiS/ Minden Pictures/amanaimages
P.014 AGE FOTOSTOCK/アフロ
P.015 Stuart Black/Robert Harding World Imagery/Corbis/amanaimages
P.016 Luigi Vaccarella/SOPA RF/SOPA/Corbis/amanaimages
P.017 AGE FOTOSTOCK/アフロ
P.018 SIME/アフロ
P.020 Folio Bildbyra/アフロ
P.020 AGE FOTOSTOCK/アフロ
P.020 AGE FOTOSTOCK/アフロ
P.020 AGE FOTOSTOCK/アフロ
P.021 田中秀明/アフロ
P.021 田中秀明/アフロ
P.021 宮地たか子/アフロ
P.021 高田芳裕/アフロ
P.022 伊東町子/アフロ
P.022 伊東町子/アフロ
P.023 Robert Harding/アフロ
P.024 YOSHIHIRO TAKADA/a.collectionRF/amanaimages
P.025 Robert Harding/アフロ
P.026 Thomas Linkel/laif/amanaimages
P.027 Steven Vidler/Eurasia Press/Corbis/amanaimages
P.028 YASUSHI TANIKADO/SEBUN PHOTO/amanaimages
P.030 Maurizio Rellini/SOPA RF/SOPA/Corbis/amanaimages
P.031 Jose Fuste Raga/Corbis/amanaimages
P.032 SIME/アフロ
P.033 縄手英樹/アフロ
P.034 SIME/アフロ
P.036 YOSHIHIRO TAKADA/a.collectionRF/amanaimages
P.038 Bernhard M. Schmid/amanaimages
P.039 SIME/アフロ
P.040 高田芳裕/アフロ
P.041 高田芳裕/アフロ
P.042 SIME/アフロ
P.043 SIME/アフロ
P.044 Tony Arruza/CORBIS/amanaimages
P.045 ZUMA Press/amanaimages
P.046 Radius Images/Corbis/amanaimages
P.047 Shaun Egan/JAI/Corbis/amanaimages
P.048 Jon Arnold Images/アフロ
P.050 Radius Images/amanaimages
P.052 TOSHIYUKI USHIJIMA/SEBUN PHOTO/amanaimages
P.053 John Warburton-Lee/アフロ
P.054 HEMIS/アフロ
P.054 杉山真希/アフロ
P.054 Loop Images/アフロ
P.055 Jon Arnold Images/アフロ
P.055 Jon Arnold Images/アフロ
P.055 Alamy/アフロ
P.055 Alamy/アフロ
P.056 Gary Cook/Robert Harding World Imagery/Corbis/amanaimages
P.057 Alan Copson/JAI/Corbis/amanaimages
P.058 Alamy/アフロ
P.059 Alamy/アフロ
P.060 山梨勝弘/アフロ
P.061 YOSHIHIRO TAKADA/SEBUN PHOTO/amanaimages

P.062 KATSUHIRO YAMANASHI/SEBUN PHOTO/amanaimages
P.064 imagebroker/アフロ
P.065 AGE FOTOSTOCK/アフロ
P.066 Picture Press/アフロ
P.068 伊東町子/アフロ
P.070 富井義夫/アフロ
P.072 imagebroker/アフロ
P.074 高田芳裕/アフロ
P.075 Jon Arnold Images/アフロ
P.076 SIME/アフロ
P.076 津田孝二/アフロ
P.076 Steve Vidler/アフロ
P.077 MIYAKO/a.collectionRF/amanaimages
P.077 HIROSHI SUGAI/SEBUN PHOTO/amanaimages
P.077 WESTEND61/アフロ
P.077 WESTEND62/アフロ
P.078 TARO NAKAJIMA/SEBUN PHOTO/amanaimages
P.080 Look-foto/amanaimages
P.081 Photoshot/アフロ
P.082 Photoshot/amanaimages
P.083 Holger Spiering/Westend61/Corbis/amanaimages
P.084 YOSHIHIRO TAKADA/a.collectionRF/amanaimages
P.085 Alamy/アフロ
P.086 Alamy/アフロ
P.087 AGE FOTOSTOCK/アフロ
P.088 Robert Landau/Corbis/amanaimages
P.090 Alamy/アフロ
P.091 Alamy/アフロ
P.092 SIME/アフロ
P.093 Jon Arnold Images/アフロ
P.094 Alamy/アフロ
P.095 Alamy/アフロ
P.096 Alamy/アフロ
P.096 AGE FOTOSTOCK/アフロ
P.097 AGE FOTOSTOCK/アフロ
P.098 KONO KIYOSHI/アフロ
P.098 YOSHIHIRO TAKADA/a.collectionRF/amanaimages
P.099 HIDEKO TAZAWA/SEBUN PHOTO/amanaimages
P.100 Jure Batagelj/500px Prime/amanaimages
P.102 Doug Pearson/JAI/Corbis/amanaimages
P.103 AGE FOTOSTOCK/アフロ
P.104 Jon Arnold Images/アフロ
P.104 Alamy/アフロ
P.104 Alamy/アフロ
P.104 Robert Harding/アフロ
P.105 SIME/アフロ
P.105 Alamy/アフロ
P.105 Alamy/アフロ
P.105 CuboImages/アフロ
P.106 SIME/アフロ
P.108 George Steinmetz/Corbis/amanaimages
P.109 Silvio Fiore / TopFoto/amanaimages
P.110 Robert Harding/アフロ
P.111 imagebroker/アフロ
P.112 Siephoto/Masterfile/amanaimages
P.114 Jon Arnold Images/アフロ
P.115 Alamy/アフロ
P.116 Malcolm Garner/アフロ
P.117 HEMIS/アフロ
P.118 Alamy/アフロ
P.119 Alamy/アフロ
P.120 Alamy/アフロ
P.121 Alamy/アフロ
P.122 Jon Arnold Images/アフロ
P.122 HEMIS/アフロ
P.123 Jon Arnold Images/アフロ

まるで童話のような、

# 世界のかわいい村と美しい街

2015年 9月22日　初版第1刷発行
2021年11月 1日　　　　第9刷発行

写　真　　株式会社アフロ
　　　　　株式会社アマナイメージズ

デザイン　公平恵美 / 能城成美（PIE Graphics）

執　筆　　加藤 希

地　図　　小林哲也

編　集　　高橋かおる

発行人　　三芳寛要

発行元　　株式会社パイ インターナショナル
〒170-0005　東京都豊島区南大塚2-32-4
TEL 03-3944-3981　FAX 03-5395-4830
sales@pie.co.jp

印刷・製本　株式会社サンニチ印刷


ISBN978-4-7562-4693-6　C0072　Printed in Japan